AF232838

COLLECTION de feu M. René MARTZ
Premier Président de la Cour d'Appel de Nancy

MONNAIES ROMAINES ET GAULOISES

MONNAIES FRANÇAISES
Royales et Féodales

MÉDAILLES. JETONS

SÉRIE LORRAINE

COMMISSAIRE-PRISEUR :
Me André DESVOUGES
30, RUE DE LA GRANGE-BATELIÈRE

EXPERT :
M. Étienne BOURGEY
7, RUE DROUOT, 7

PARIS

MONNAIES ROMAINES ET GAULOISES

Monnaies Françaises

ROYALES ET FÉODALES

MÉDAILLES, JETONS

SÉRIE LORRAINE

VENTE AUX ENCHÈRES PUBLIQUES

À PARIS, HÔTEL DES COMMISSAIRES-PRISEURS, RUE DROUOT, 9

SALLE N° 8

LE LUNDI 5 MAI 1924

À DEUX HEURES PRÉCISES

EXPOSITION PUBLIQUE le Dimanche 4 Mai 1924

HÔTEL DROUOT, SALLE 8

<table>
<tr><td>COMMISSAIRE-PRISEUR :</td><td>EXPERT :</td></tr>
<tr><td>Me André DESVOUGES</td><td>M. Étienne BOURGEY</td></tr>
<tr><td>26, Rue de la Grange-Batelière</td><td>7, Rue Drouot, 7</td></tr>
</table>

PARIS

Exposition particulière :

    Du 1ᵉʳ au 3 Mai 1924, chez M. Etienne Bourgey, expert

    7, rue Drouot (Téléphone : Central 74-64).

———

Exposition publique :

    Le Dimanche 4 Mai 1924, Hotel Drouot, Salle 8.

———

La vente aura lieu au comptant.

Les acquéreurs paieront 19,50 pour cent en sus des enchères.

L'authenticité des pièces est garantie.

M. Etienne Bourgey, 7, rue Drouot, se charge d'exécuter les commissions qui lui seront confiées.

L'ordre du catalogue sera suivi. L'expert se réserve le droit de diviser ou réunir les lots.

———

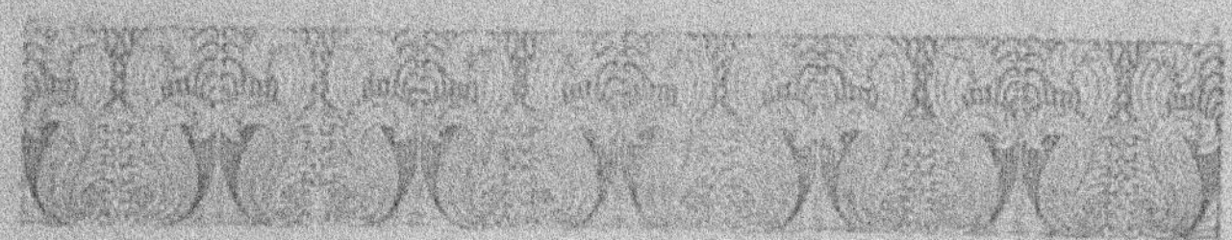

MONNAIES ANTIQUES

1 **République romaine**. Deniers variés, 8 p. Quinaire de la famille
   Porcia, Arg. 9 p. B. et TB.
2 Deniers, quinaire et double victoriat. Arg. 12 p. B.
3 **Empire romain**. *Tibère*. Tête à droite, ℟. Livie assise à dr.
   (Cohen 15). Or. B.
4 *Caligula et Auguste*. Tête nue de Caligula à dr. ℟. Tête radiée
   d'Auguste à dr. (Cohen 5). Arg. B. Rare.
5 *Néron*. Sa tête à dr. ℟. CONCORDIA AVGVSTA. La Concorde assise à g.
   (Cohen 66). Or. B.
6 *Titus*. Tête à dr. ℟. ANNONA AVG. L'Abondance assise à g.
   (Cohen 16). Or. B.
7 *Nerva*. Tête laurée à dr. ℟. LIBERTAS PVBLICA SC. La Liberté deb.
   à g. (Cohen 118). GB. TB. Jolie patine verte et brune. *Pl. I.*
8 *Trajan*. Buste à dr. ℟. COS V PP SPQR OPTIMO PRINC. (Cohen 65).
   Or. B.
9 *Antonin*. Tête laurée à dr. ℟. PIETATI AVG COS IIII. La Piété
   (Cohen 622). Or. TB.
10 FELICITAS AVG COS IIII SC. La Félicité deb. (Cohen 369). MB. TB.
   Patine vert brun.
11 *Aurélien* AVRELIANVS AVG. Buste lauré, cuirassé à dr. ℟. RESTITVTOR
   ORIENTIS. Le Soleil debout levant la main droite et tenant un
   globe (Cohen 213). Or. TB. Rare.   *Pl. I.*
12 *Valentinien I*. Son buste à dr. ℟. Valentinien et son fils assis;
   derrière eux, une Victoire (Cohen 43). Sou d'or. TB.
13 *Honorius*. Buste à dr. ℟. L'Empereur le pied sur un ennemi (44).
   Sou d'or. B.
14 *Lot*. Deniers et un quinaire. 45 p., la plupart B. Quelques pièces
   fourrées ou fausses.
15 Billons de Gordien, Philippe, Otacilie, etc. 20 p. B. et TB.
16 Grand lot de GB et MB, de conservation secondaire. 90 p.
17 Follis et PB. 170 p. En général B. et TB.
18 **Gaule**. *Leuques*. SOLIX. Tête à g. ℟. Cheval. 3 p. variées. Arg. B.

19 Tête à g. ℞. Sanglier. Pot. 10 p. Plusieurs variétés. B. et TB.

20 *Incertaines de l'Est*. Tête casquée à g. ℞. Cheval. Arg. 6 p. Pot.
4 p. — Ens. 10 p. En général B.

21 *Médiomatrices*. Tête à dr. ℞. Pégase à dr. 1/4 de statère. Or. B.

22 Tête de Vénus : ℞. MEDIOM. Pégase. ABU. Tête à dr. ℞. Taureau.
AMB...TUS. Tête de bœuf. ℞. Aigle. *Trévires*, etc. Br. 6 p. En
général. B.

23 *Séquanes*. OIOTVO, ANATOTVO ; Sanglier. DOCISMA, TOG et TOGIRI, OBO ;
cheval. Arg. 7 p. B.

24 100. Lion. *Catalaunes*, *Rèmes*, *Ambiens*, *Curiosolites*. Denier de
Marseille. Rouelles. Arg. Bill. et Br. 15 p. B. et TB.

25 **Lombards**. *Perctarit*. HRIV-VIIIV. Buste à dr. ; devant B. Voir
British Museum pl. XIX, n° 14 et suiv.). Triens. Or. TB.

MONNAIES FRANÇAISES

26 **Carolingiens**. *Louis le Débonnaire, Charles le Chauve, Charles le
Gros, Eudes, Charles le Simple*. Den. et oboles. Arg. 8 p. B. et
TB.

27 **Capétiens**. *Philippe VI*. Le roi assis de face (Hoffmann 14). Chaise
d'or. B. Rare.   *Pl. I.*

28 *Charles VI*. Écu de France couronné (H. 1). Écu d'or. B.

29 *Henri VI*. Salut fr. à Rouen (H. 3). Or. TB.

30 *Louis IX à Louis XII*. Deniers, gros tournois, blancs, douzains,
etc. Arg. Bill. Cuivre. 29 p. La plupart B. et TB.

31 *François I*. Écu de France, dessous M. ℞. Croix accostée de 2 lis
et 2 F. (H. 4 variété). Écu d'or. B.

32 Douzains. *Henri II à Louis XIII*. Douzains, testons, quarts
d'écu, etc. Arg. Bill. 18 p. B. et TB.

33 *Louis XIV*. Tête laurée à dr. ℞. Croix de 8 L brochant sur le
sceptre et la main de justice. 1701. Metz (H. 36). Louis d'or.
TB. Traces de surfrappe.

34 LVD. XIIII. D. G. FR. ET. NAV. REX. Buste jeune à la mèche courte,
lauré, drapé, cuirassé à dr. ℞. SIT. NOMEN. DOMINI. BENEDICTVM
1644. Écu de France couronné ; dessous A. Sur la tranche
✠ PONDERE SANCTVARII. (H. 60). Piéfort du demi écu blanc. Arg.
Très belle pièce, très rare.   *Pl. I.*

35 Quart d'écu ; demi écu et divisions. Siège de Lille, 20 et 10 sols.
Arg. 8 p. Cuivre. 2 p. B. et TB.

36 Strasbourg. Quart et demi écu ; 33, 40, 20 et 10 sols (H. 282, 283,
    286, 287, 288, 289). 10 et 5 sols, 4 et 2 deniers fr. à Strasbourg.
    — Ens. 13 p. Arg. et 4 p. Cuivre. B. et TB.
37 *Louis XV.* Ecu Vertugadin. 1718. Besançon. Arg. TB.
38 Ecu à la tête vieille, 1772. Paris. Arg. B.
39 Ecu, demi-écus, divisions. Arg. 14 p. B. et TB.
40 *Louis XVI.* Ecus, demi écu, 12 sols. Arg. 4 p. TB.
41 Ecu, 30 et 15 sols constitutionnels. Monnaies de cuivre fr. à
    Strasbourg. Siége de Mayence ; 5, 2 et 1 sols. — Ens. Arg. et
    Cuivre. 23 p. B. et TB.
42 **République.** 6 livres ; Metz, Strasbourg. Monnaies de cuivre de la
    Révolution et de l'Empire fr. à Strasbourg. — Ens. Arg. et
    cuivre. 25 p. En général B. et TB.
43 **Consulat et Empire.** L'Italie délivrée à Marengo. 20 francs, an 10.
    Or. TB.
44 *Bonaparte.* 40 francs, an 11. Paris. Or. B.
45 — Autre exemplaire, même type, an 12. B.
46 20 francs, an 12. Type du précédent. Or. TB.
47 *Napoléon I.* Tête nue. ℞. République française. 40 francs, an 13.
    Or. TB.
48 20 francs. Même type et même date. Or. B.
49 40 francs. Même type, 1806. Turin. Or. B. Rare.
50 20 francs. Même type, 1807. Paris. Or. B.
51 Tête laurée. ℞. Empire Français. 40 francs, 1812. Or. TB.
52 20 francs. Type de précédent, 1811, Paris. Or. TB.
53 — Même type, 1813, Paris. Or. TB.
54 — Autre, 1815 (les Cent jours). Paris. Or. B.
55 Royaume d'Italie. 40 lire, 1808. Or. TB.
56 Même type varié, 1814. 40 lire. Or. TB.
57 20 lire. Type du précédent. 1808. Or. TB.
58 Jérôme Napoléon, roi de Westphalie. 20 Frank. 1809. Or. B.
59 Marie Louise, duchesse de Parme. 40 lire. 1815. Or. TB.
60 20 lire. Type du précédent. Or. TB.
61 *Louis XVIII.* 20 francs au petit collet, 1814. Or. TB.
62 Buste nu. 40 francs, 1817. Paris. TB.
63 *Napoléon I, Marie-Louise* etc. Essai de *Thonnelier.* Arg. et
    cuivre 13 p. B. et TB.
64 3ᵉ **République.** 2 francs 1914. Castelsarrazin. Essais d'aluminium.
    1909. Jetons-monnaies de la guerre et autres. Métaux divers
    et carton. 28 p. TB.

MONNAIES FÉODALES

65 **Lorraine**. Deniers de (ou attribués à) *Mathieu I, II, Berthe de Souabe, Ferry III*. Arg. Lot intéressant de 68 p. la plupart B.

66 *Thiébault II*. Double denier et den. *Ferry IV*. Double den. Esterlins. Arg. 6 p. B. et TB.

67 Gros tournois, type français avec THIRICVS DVX (Robert 1924). Arg. TB.

68 *Gaucher de Chatillon*. Esterlins. *Raoul*. Double den. et den. Arg. 5 p. TB.

69 *Marie de Blois*. MARIE DVCHESS MANBOVRS DE LA DVCHIE. et en lég. intérieure ✠ MONETA DE NACEI. Croix cantonnée de 4 couronnes. ℞. IOHANNES DVX. etc. Écu écartelé. (Saulcy v. 13). Plaque. Arg. TB. Rare.   *Pl. I.*

70 *Jean I*. Type de la précédente, mais en lég. extérieure ✠ BNDICTV.., etc. (S. VI. 1.). Plaque. Arg. B. Rare.

71 IOHANNES DVX MARCHIO LOTH. Épée en pal accostée de deux heaumes; dessous l'écu de Lorraine. ℞. ✠ BNDICTV, etc. et, en 2ᵉ lég. ✠ MONETA DE NANCEIO. Croix. (S. VI. 13). Double gros. Arg. Très beau. Rare.   *Pl. I.*

72 Écu dans une rosace. ℞. Épée en pal entre deux alérions (S. VII. 2). Gros Arg. TB.

73 Écu de Lorraine penché sous un heaume (R. 1324). Gros. Arg. TB.   *Pl. I.*

74 1/3 de gros à l'écu penché sous un heaume. Gros (S. VI. 14). 3 p. Divisions. Arg. 13 p. B. et TB.

75 *Jean et Robert de Bar* (association de 1371). IOHANES ET ROBERTVS DVXS. Écu parti de Lorraine et de Bar. ℞. BNDICTV. etc. ✠ MONETA DE NANCEIO. Croix (S. VII. 11.). Gros. Arg. B. Rare.

76 *Charles II*. Gros au duc deb. Nancy (VIII. 1; IX. 11; IX. 18). Sierk (IX. 19). Arg. 4 p. TB.

77 — Autres semblables, 16 p. Deniers. 1/4 de gros au cavalier (ébréché) — Ens. 24 p. Arg. et Bill. La plupart B. et TB.

78 Gros au cavalier et 1/4 de gros (S. VIII. 3, 5). Arg. 2 p. TB.

79 Sierk. Gros, double den., den., lion (S. VIII. 6, 7, 8, 12. IX. 7). Arg. et Bill. 7. p. TB.

80 St Mihiel. Gros (R. 1365) et demi gros semblables. Double den. (S. IX. 15). Arg. 5. p. TB.

81 Même type. ℞. SIT NOME DNI BENEDICTVM. Gros, demi gros, double
   den. (S. IX. 14). Arg. 10 p. B. et TB

82 *René d'Anjou.* Gros de Nancy (S. X. 11. Rare, mais AB). Gros de
   St-Mihiel, même type. Gros (X. 10. 12). Demi gros de St-Mihiel.
   1/4 de gros de Nancy. — Ens. 11 p. Arg. B. et TB.

83 *René II.* Gros (S. XII. 2). Plaque, 1/2 plaque (S. XII. 8; XIV. 1. 2),
   Maille (XII. 6), 1/2 et 1/4 plaque à l'écu parti de Lorraine et de
   Bar. Arg. et Bill. 9 p. B. et TB.

84 — Plaques 1/2 et 1/4, mêmes types. Arg. 19 p. B. et TB.

85 *Antoine.* Plaques, 1/2 et 1/4. Den. Arg. 8 p. B. et TB.

86 ✠ ANTHONIVS : D : G : LOTHOR : ET : BARI : DVX. Buste cuirassé à g.
   tenant l'épée de la main droite. ℞. Au centre l'écu de Lorraine
   couronné ; autour les écus couronnés de Hongrie, Naples,
   Jérusalem, Aragon, Anjou, Bar et ceux de Vaudémont et de
   Blamont (S. XII. 2), Grand écu d'argent. Très belle pièce.
   Rare.   *Pl. I.*

87 Teston de Nancy. Buste à g. ℞. Ecu couronné ; à l'ex. 1538.
   Arg. TB.

88 Même type, daté 1544. Arg. TB.

89 Quart de teston. Même type, 1512. Arg. TB.

90 Testons de 1513, 23, 26, 29, 41, 44. Quarts, 1527, 35. Arg. 8 p. B.
   et TB.

91 *François I.* Buste barbu à g. ℞. Ecu couronné ; à l'ex. 1543
   (S. XVII. 8). Denier (S. XVII. 4). Arg. 2 p. B.

92 *Nicolas de Vaudémont.* Double den. de Nancy 1552 (S. XVII. 10).
   Arg. B. Rare.

93 *Charles III.* Buste à dr. cuirassé avec collerette. ℞. Ecu couronné.
   1566. Ducat. Or. TB. Rare.   *Pl. I.*

94 Plaques et 1/4 de plaque. Arg. 4 p. variées. B. et TB.

95 ✠ CAROL : D : G : CALA : LOTHO : BAR GVEL : DVX. Buste cuirassé à
   dr. ℞. Ecu de Lorraine entouré de 7 écussons ; au bas 1557
   (S. XIX. 10). Ecu d'argent. Très beau et rare.   *Pl. I.*

96 Buste jeune couronné à dr. Testons et 1/2 testons. Une pièce
   contremarquée. Arg. 6 p. B.

97 (Croix de Lorraine) CARO. D. G. CAL. LOTHO. BAR. GEL. DVX. Buste
   cuirassé à dr. ℞. MONETA. NANCEII. CVSA. Ecu couronné (S. XX. 1).
   Ecu d'argent. TB. Rare.   *Pl. I.*

98 Même légende. Buste barbu, petite collerette. ℞. Ecu de Lorraine
   entouré de 7 écussons ; dessous 1569 (S. XX. 2). Ecu d'argent.
   Très beau. Rare.   *Pl. II.*

99 Même buste. Testons et 1/4 teston. Arg. 6 p. B. et TB.

100 CARO. D : G. CAL. LOTH. B. GEL. DVX. Buste barbu, cuirassé avec
collerette à dr. Dessous, 1575. ℞. MONETA (rose) NANCEII (rose
et F) CVSA. Ecu couronné (S. XXI. 2). Ecu d'argent. B. Troué.
Rare. *Pl. II.*

101 (Croix de Lorraine) CAROLVS. D : G. CAL. LOTHAR. BAR. GEL. DVX.
Buste à g., barbu, cuirassé avec col rabattu. Dessous, 1603.
℞. MON. NOVA NANC. CVS. Ecu soutenu par deux aigles et appuyé
sur un manteau d'hermine (S. XXIV. 2). Ecu d'argent. TB.
Rare. *Pl. II.*

102 Testons, 1581, 83, 85, 88 et sans date. 1/4 teston, 1581, 83, 84 et
s. d. Double den., den. et mailles, 1/4 plaque. — Ens. 42 p. la
plupart B. et TB.

103 *Henri.* Testons, 1/4, gros, den. *Charles IV et Nicole.* Billons.
— Ens. Arg. et Bill. 24 p. B. et TB.

104 *François II.* Buste à dr. ℞. Ecu couronné 1630. (S. XXVI. 3).
Teston. Arg. B. Rare. *Pl. II.*

105 *Charles IV (1626-34).* Testons de Nancy. 1629, 32 (S. XXVI. 6) et
billons divers. — Ens. Arg. et Bill. 14 p. B. et TB.

106 (*Réintégration 1638-39*). Testons de Remiremont, 1638. (S. XXVII.
4). Arg. 2 p. TB.

107 Type des précédents, sans date. Nancy (S. XXVII. 6). Arg. TB.

108 (*1661-75*). CAR. IIII. D. G. DVX LOTHA. ET. BAR. Buste lauré à dr.
dessous 1668. ℞. SIT NOM DOM BEN. Croix de C enlacés et couronnés (S. XXVII. 8). Ecu d'or. Très belle pièce. Rare. *Pl. II.*

109 Buste drapé, cuirassé et lauré à dr. ℞. SIT NOMEN. etc. 1665. Ecu
aux trois alérions (S. XXVII. 10). Petit écu. Argent doré. TB.
Rare.

110 Testons, 1665, 66, 68. Demi, 1665, 66. Den., gros. Arg. et Bill.
10 p. AB et B.

111 *Léopold.* LEOP. I. D. G. LOT. BA. REX. IER. Buste lauré à dr.,
dessous 1712. ℞. IV. DOMINE SPES MEA. Croix de 8 L. couronnés
(S. XXIX. 4). Léopold d'or. TB. Rare. *Pl. II.*

112 Ecu ou aubonne, 1725 ; demi. 1724 (S. XXXII. 5 et 2). Teston,
1711 (S. XXX. 7). Arg. 3 p. TB.

113 Monnaies diverses. Arg. Bill. et Cuivre. 43 p. En général mal
conservées.

114 *François III.* Teston, 1736 (S. XXXIV. 9). Arg. FDC. Rare.
Pl. II.

115 xxx deniers. Bill. 3 p. B. Demi thaler de *François 1* d'Autriche.
Thaler de *Marie Thérèse*. Thaler et divisions de *Charles*,
évêque d'Olmutz. 1/4 thaler obituaire de *Charles Alexandre*,
1780. Gros d'*Henriette de Lorraine* (R. 1728) et double
tournois. — Ens. 14 p. Arg. Bill. et Cuivre. B. TB. et FDC.

116 *Seigneuries diverses*. Henri de Vandémont. (Cf. R. 1708).
Nicolas de Vauvillers (R. 1719). Otto de Salm : bractéate. —
Ens. 5 p. Arg. et Bill. B.

117 **Toul**. Deniers de *Brixei, Sorcy, Probus, d'Arzilières*. Esterlins
de *Th. de Bourlémont*. (R. 1025, 26 et var.). Arg. 26 p. B. et
TB.

118 **Neufchateau**. Deniers. Abbaye de **Remiremont**. Deniers. Arg. 8 p.
B. et TB.

119 **Metz**. *Dagobert II ou III ou Thierry III*. ss liés. ℞. D sur une
barre. Denier. Arg. TB.

120 *Charles le Chauve* (Type immobilisé) ✠ gratia d - ii x. Monog.
℞. ✠ mettis civitas. Croix. Obole. Arg. TB.

121 Deniers de tou attribués à. *Thiéry I, II. Adélbéron II*. Lot
intéressant de 24 deniers. Arg. B.

122 *Hériman* (anonyme du Temps d'). Denier (R. 462). *Adélberon
IV*. Denier au buste à dr. *Incertaine*. Arg. 3 p. TB.

123 *Etienne de Bar*, Deniers d'Epinal. Anonymes. Arg. 27 p. B.

124 *Frédéric de Pluvoise, Thiéry IV, Bertram, Jean, Jacques de
Lorraine, Renaud de Bar, Adhémar de Monteil* et anonymes.
Lot intéressant de deniers. Arg. 32 p. En général B.

125 *Jean de Vienne*. ✠ io'hes. dei : gra : eps : metts. Crosse entre
deux écus. ℞. St Etienne agenouillé à g. Gros de Marsal
(R. 637). Arg. Très beau. Rare.   *Pl. II.*

126 Demi gros. Même type. TB. Rare.

127 *Thiéry V de Boppart*. Gros, 1/3 et 1/6 gros. Arg. 5 p. TB.

128 Gros de Marsal au St Etienne à genoux. ℞. Crosse entre deux
écus. Arg. B. Rare.

129 *Raoul de Coucy*. Gros de Marsal. Angevine. Arg. et Bill. 4 p. B.

130 *Conrad Bayer de Boppart*. Gros et 1/2 gros de Marsal. Arg. 3 p.
TB.

131 Bugnes de *Charles de Lorraine*, de *Robert de Lenoncourt*.
Testons de *Charles II de Lorraine*. Arg. et Bill. 7 p. B. et TB.

132 *Henri de Verneuil*. Gros, imitation de l'alérion lorrain. Bugne
à l'H couronné. Arg. 2 p. TB. Rares.

133 *Cité de Metz*, florenvs civitis metensis. Ecu de Metz dans une
rosace. ℞. St Etienne deb. à g. Florin. Or. TB.

134 Ecus au St Etienne deb. 1620, 1638. Arg. 2 p. variées. B. et TB.

135 Buste de St Etienne à g. ℞. Ecu dans une rosace. 1643. Ecu. Arg. TB.

136 — Autres, 1638, 1639, 1640. Arg. 3 p. B. et TB.

137 Gros au St Etienne, bugnes, double, liards, angevines, etc. Arg. Bill. et Cuivre. 49 p. B. et TB.

138 Testons au saint debout. Testons et demi testons au buste à g. Arg. 13 p. B. et TB.

139 **Verdun.** Type immobilisé *Heymon. Thierr. Henri. Charles de Lorraine.* Deniers. Arg. et Bill. 11 p. B.

140 *Richer.* Denier de Sampigny. Edifice circulaire. ℞. Croix pattée sur un cercle (R. 1105). Arg. B. Rare. *Pl. II.*

141 *Louis de Bar.* + LVDOVICVS. CARD. BARRENSIS. Ecu écartelé surmonté du chapeau cardinalice. ℞. SIT. etc. et en 2ᵉ lég. SENT GROS.' VAREN. Croix cantonnée de lis et de bars (R. 1123). Demi gros de Varennes. Arg. TB. Rare. *Pl. II.*

142 **Barrois.** *Henri II.* Deniers. *Edouard I.* Esterlin. *Henri IV.* Gros. Arg. 5 p. AB. et B.

143 *Yolande.* Grande plaque de St Mihiel à l'écu écartelé dans une rosace. Arg. B. Rare.

144 1/3 de plaque. Arg. B. Rare.

145 *Edouard II.* Tiers de plaque. Même type et variété. 2 p. Arg. B.

146 Imitation de la maille blanche avec BRANCORVM. Arg. TB. Rare.

147 *Robert.* ROBERTVS DVX. Florin au St Jean. Or. TB.

148 ROBERTVS DVX BARR. Ecu penché de Bar sous un casque. ℞. + DVX. GRA. ET. MARCHIO. PONTIS. Croix pattée cantonnée de quatre roses (R. 1167). Heaume. Arg. TB. Rare. *Pl. II.*

149 Gros de St Mihiel à l'écu en losange. AB. Gros à l'R couronné. TB. Gros au châtel tournois. B. Arg. 3 p.

150 *René d'Anjou.* Gros de St Mihiel au duc debout. Arg. 10 p. B. et TB.

151 **Sedan et Bouillon.** *Henri de la Tour.* Aigle éployée, écusson en cœur, dessous 1613 XXX. ℞. Ecu couronné (Poey d'Av. 6304). Ecu d'argent. TB.

152 **Réthel.** *Charles II de Gonzague.* Aigle éployée, en cœur écusson, dessous 1614 XXX. ℞. Ecu couronné. (Poey d'Av. 6124). Thaler d'Arches. Arg. TB.

153 *Ferdinand Charles.* FERDINANDVS. CAROLVS. D. G. DVX. Ecu couronné. ℞. MANTVÆ. MONTISFERRATI. CAROLIVIL. ET. C. 1675. Ecu écartelé. Thaler. Arg. TB.

154 — Demi et quart. Même type. 2 p. Arg. B.

155 **Château-Renaud.** *Louise Marguerite de Lorraine.* Imitation de
l'escalin. 1617 (voir *Revue Num.* 1885), et du gros lorrain à
l'alérion. Billon. 2 p. TB. Rares.

156 **Luxembourg.** Tour. ℞. Lion. Denier. *Wenceslas.* Écusson
couronné. ℞. Aigle éployée. Gros. Arg. 2 p. TB.

157 **Ligny.** *Jean de Luxembourg.* + IOHS. DE. LVCEMBOVRG. COM. LISEL.
Le Comte assis de face tenant un écu. ℞. XPC. etc. Croix
feuillue dans un quadrilobe. Écu d'or. TB. Rare.   *Pl. II.*

158 **Alsace** *Colmar.* Batzen 1666 (Engel et Lehr, pl. II. 10). 3, 2
Kreutz. Double vierer et vierer. Rappen. Arg. et Bill. 11 p.
B. et TB.

159 *Landgraves.* Ferdinand. Double thaler. s. d. (E. L. III. 7). Arg.
Très beau.

160 Type analogue. Thaler. Arg. Très beau.

161 Rodolphe II. Double thaler de 1609. (EL. v. 5.). Arg. Très beau

162 Même type varié. Thaler de 1666 et 1609. Arg. 2 p. TB.

163 Maximilien. Double thaler de 1617 (EL. VII. 4). Arg. Très beau.

164 Thaler de 1615 (EL. VII. 3). Arg. Très beau.

165 Ferdinand II. Thaler de 1621 (EL. VIII. 3). Arg. 2 p. TB.

166 Léopold. Double thaler. s. d. (EL. IX. 4). Arg. TB.

167 Thaler, 1624, 1630 et 1632. 1/4 thaler et divis. des numéros
précéd. Arg. et Bill. 9 p. TB. et FDC.

168 *Haguenau.* Dicken s. d. de Rodolphe II (EL. XIII. 14). Poids
lourd et léger. Arg. 2 p. FDC. B. et TB.

169 Demi florin de 1671 de Rodolphe II (EL. XIII. 8). Arg. TB.

170 3 woller, plappert, batz, groschen, etc. Arg. et Bill. 7 p. B. et TB.

171 *Lichtenberg.* Jean René I. Teston (EL. XVII. 10). Frédéric-
Casimir; 2 Kr. Arg. et Bill. 2 p. TB. Petit lot de billons fr. à
Phalsbourg et *Weinbourg?* de Georges Jean. Cts palatin. —
Ens. 10 p.

172 *Molsheim.* Bractéates à la roue (5 p.) et à la tête. Arg. 6 p. TB.

173 *Murbach et Lure.* St Léger de face, à mi corps, devant lui un écu.
℞. FERDINANDVS. LT. etc. Double aigle. (EL. XXIII. 14). Thaler.
Arg. TB.

174 Quart de thaler de Léopold. Arg. Billons divers. *Thann.* Billons.
— Ens. 13 p. B. et TB.

175 *Strasbourg.* Louis le Débonnaire. + HLVDOVVICVS IMP. croix.
℞. STRATEBVRGVS en trois lignes (Gariel XVIII. 120). Denier. Arg.
TB. mais ébréché. Rare.

176 Charles le Simple. ARGENTINA CIVITS en deux lignes. Denier.
Arg. TB.

177 Henri II. Jean de Manderscheid. Charles de Lorraine. Arg. et
    Bill. 9 p. B. et TB.
178 Louis de Rohan. 1/6 d'écu. 20 et 10 kr. Arg. 4 p. B. et TB.
179 Bractéates au lis, à l'ange. Pièces divis. diverses. Arg. et Bill.
    33 p. En général TB.
180 NVMMVS. REIP. ARGENTORATENSIS. Écu accosté de deux lions. ℞.
    Lis. (EL. xxxiv, 3). Thaler. Arg. TB.
181 Demi thaler, même type. Arg. TB.
182 Dickpfennig et dreibœtzener. Arg. 4 p. TB.
183 Florin de 60 kr. (EL. xxxv, 4). Arg. TB.
184 Variété du précédent et demi florin : dreibatz à l'écu. Arg. 3 p.
    B. et TB.
185 xxx sols, 1680 (EL. xxxv, 11). Arg. TB.
186 2 sols, 1683, 84 ; 1 sol. 1/3 thaler de Saxe contremarqué d'un lis.
    Arg. et Bill. 5 p. B. et TB.
187 Deniers divers, indéterminés ; certains attribués à Strasbourg ?
    à Seltz ? Arg. 8 p. B. et TB.
188 *Wissembourg*. WEISSENBVRG. AM. RHEIN. Porte à deux tourelles,
    1626. ℞. Double aigle. Zwolfer. Abbaye : deniers divers. —
    Ens. 6 p. Arg. B. et TB.
189 **Pays du Rhin**. *Mayence*. Damian Hartard von der Leyden. Son
    buste à dr. ℞. Écu écartelé avec écusson en cœur. 1676. Double
    thaler épais. Arg. Très beau et rare.   *Pl. II.*
190 Gulden de 1675, fr. à Erfurt. Arg. B.
191 Anselme François von Ingelheim. Thaler à son buste, 1685. Arg. TB.
192 Bractéates concaves. *Trèves*. Lantmintz. Bas arg. 10 p. TB.
193 **Montbéliard**. Kreutz, batz, et liards divers. Arg. Bill. et Cuivre,
    13 p. B. et TB.
194 **Besançon**. *Hugues II*. CRISOPOLIS. *Anonymes*, Deniers. Arg. 7 p.
    B. et TB.
195 *La Ville*. CAROLVS V IMPERATOR. Charles V debout à dr. 1655.
    Ducat. Or. TB.
196 Buste couronné de Charles V à g. 1642. Demi daldre. Arg. B.
197 L'Empereur debout. 1660. Écu daldre. Arg. TB.
198 Même type : daldres de 1664, 66 ; 1/2 de 1667. Divisions diverses.
    Arg. et Bill. 26 p. B. et TB.
199 **Dôle**. Patagon, 1626 ; 1/2 de 1627. Divisions diverses. Arg. et
    Bill. 19 p. B. et TB.
200 **Flandre**. Cavalier de *Philippe le Bon*. Or. B.
201 **Bourgogne**. *Eudes IV*. 1/3 de gros. Auxonne et *Divers*. **Bretagne**.
    Savoie. etc. Arg. et Bill. 20 p. B. et TB.

MONNAIES ÉTRANGÈRES

202 **Suisse**. *Bâle*. Sigismond. Florin à la Vierge. Or. TB.

203 — Autre exemplaire varié. Or. TB.

204 Frédéric. Florin au même type. Or. TB.

205 DOMINE CONSERVA NOS IN PACE. Double aigle. ℞. MONETA NOVA VRBIS BASILEENSIS. Écu de Bâle entouré de 8 écussons. Double thaler. Arg. FDC.

206 Thaler 1621, 1623. Arg. 2 p. B.

207 Thaler de 1640. Arg. TB.

208 Écu supporté par deux basilics. 1691. Thaler. Arg. B.

209 Vue de la Ville. Thaler s. d. Arg. TB.

210 Autre ; un basilic supportant l'écu entouré d'écussons. Thaler s. d. Arg. FDC.

211 Autre vue de la Ville. 1793. Thaler. Arg. TB.

212 Double aigle. ℞. Écu avec la date 1640. Demi-thaler. Arg. B.

213 Vue de la Ville. 1741. Demi-thaler. Arg. FDC.

214 Autre, type varié, 1785. Arg. Très beau.

215 1/2 thaler, 1/3, dicken, divisions. Arg. et Bill. 20 p. B. et TB.

216 *Berne*. Écu. ℞. Croix de huit B. 1679. Thaler. Arg. Très beau.

217 Demi-thaler, 1796. FDC. Divisions. Arg. et Bill. 29 p. B. et TB.

218 *Argovie*. 20 batz. 1809. 5 batz. 5 rap. Arg. et Bill. 3 p. TB et FDC.

219 *Soleure*. St Ours deb. ℞. Écu. 1787. 1/2 doublon. Or. TB.

220 Même type, 1789. 1/4 de doublon. Or. TB.

221 4 Franken, 1813. Arg. Très beau.

222 Dicken au buste de St Ours. Divisions. Arg. et Bill. 8 p. B. et TB.

223 *Fribourg*. Monnaies diverses. Arg. et Bill. 11 p. B. et TB.

224 *Neuchatel*. 16 Kr. de Marie d'Orléans, 1694. 10 Kr. d'Henri. Arg. Billons divers. — Ens. 31 p. B. et TB.

225 *Vaud*. 1 franc, 1845. Divisions. Arg. et Bill. 12 p. B. et TB.

226 *Genève*. 5 francs, 1848. Arg. TB.

227 Divisions. *Tessin. Uri. Schwitz. Zug*. Arg. et Bill. 22 p. B. et TB.

228 *Lucerne*. Suisse assis. ℞. Écu accosté de 10. 10., dessous 1804. Or. Très beau.   *Pl. II.*

229 Dicken. Divisions. Arg. et Bill. 10 p. B. et TB.

230 *Zurich*. Écu tenu par un lion. ℞. IVSTITIA ET CONCORDIA 1776. 1/2 ducat. Or. FDC.

231 ℟ ANNO DOMINI 1677. 1/4 ducat. Or. Troué. B.
232 1/2 thaler 1776 ; FDC. Divisions. Arg. et Bill. 6 p.
233 *Schaffouse*. Thaler, 1620 ; 1/2 thaler ; dicken, 1614 ; groschen,
     1561. Arg. 4 p. B. et TB
234 *St-Gall*. Thaler, 1620. Divisions. *Grisons* x batz. 1825 ; v batz.
     1820 ; divers. — Ens. 14 p. Arg. et Bill. B. et TB.
235 *République Helvétique*. Suisse debout. 1800. 16 franken. Or.
     FDC.   *Pl. II.*
236 HELVETIA. Buste à g. 10 francs, 1913. Or. FDC.
237 Prix d'école de *Berne*, de *Bienne*, 5 fr. de tir de *Bâle*, *Fribourg*.
     Arg. 5 p. TB. et FDC.
238 Bractéates de *Bâle*, *Soleure*, *Fribourg*, *St-Gall*, *Grisons*, etc. Arg.
     29 p. B. et TB.
239 **Allemagne**. *Palatinat*. Frédéric III. Son buste de face. 1567.
     Thaler. Arg. B.
240 *Mansfeld*. Henri et Gothilf. Thaler au St Georges. 1592. Arg. B.
241 *Saxe*, *Bavière*, etc. Thaler et divis. Arg. et Bill. 11 p. B. et TB
242 **Pays-Bas**. Ducat au chevalier deb. 1828. Or. Très beau.
243 Patagon de *Flandres*, 1649. Ducaton d'*Overyssel*, 1661. Leices-
     terdaler, etc. Arg. 5 p. B. et TB.
244 **Rome**. *Innocent XI*. Buste à dr. ℟. PORTÆ INFERI NON PRÆVALEBVNT.
     Basilique de St Pierre. Scudo. Arg. B.
245 *Pie IV*, *Pie IX*. **Divers**. *Mexique*, *Nouvelle Grenade* et quelques
     pièces fausses. Arg. Bill. Plomb. 11 p.

MÉDAILLES

246 *Sigismond Pandolfe Malatesta*. Buste à g. ℟. Femme assise
     tenant une colonne brisée. 1446. (Arm. I. 20. 14). Br. 43 ℀. TB.
247 *Cardinal Granvelle*. Buste à g. ℟. Don Juan recevant du pape le
     drapeau de Lépante. Br. 41 ℀. B.
248 *Charles IV de Lorraine*. Médaillon ovale, uniface, à son buste.
     ℟. POS. 2. IVL. 1626 SD FC. Br. 73 × 92 ℀. TB.
249 *Strasbourg*. Ecu. ℟. Vue de la Ville. 1629. Arg. doré. B.
250 *Maestricht délivré*. Buste de Louis XIV à dr. ℟. La France deb.
     à dr. 1676. Br. 73 ℀. TB.
251 *Mariage*. BENEDICTA SEMPER SANCTA SIT TRINITAS. La Ste Trinité.
     ℟. Inscription en creux. 1694. Br. doré dans un cercle suspendu
     à trois chaînettes. TB.

252 *Charles de Lorraine*. Pose de la première pierre de l'église de
Caudenberg. 1776. Arg. 44 ℀. TB.

253 *Paix de Lunéville*. Buste de Bonaparte à g. ℞. BONHEUR AU CONTI-
NENT. 1801. Br. 54 ℀. TB.

254 *Paix de Schonbrunn*. Buste lauré de Napoléon. ℞. La France
sacrifiant sur un autel. 1809. Br. 68 ℀. TB.

255 *Lorraine*. Elisabeth Caroline d'Orléans. Charles V et Eléonore.
Stanislas Auguste. Méd. de St Urbain. Arg. 3 p. FDC.

256 Médailles diverses de St Urbain. 16 p. Br. TB.

    Nous joignons à ce lot trois cartons contenant une série de clichés en
    plomb de médailles de St Urbain et une chronologie imprimée
    annonçant une dissertation sur cette suite de médailles.

257 Grand lot de médailles concernant la Lorraine et l'Alsace. Arg.
Plomb, Bronze, Galvano. 25 p.

258 Insignes maçonniques. Plaque de Poste. Médailles diverses de
Lorraine. Arg. et Br. 12 p.

259 Médailles Louis XIV et XV de 41 ℀ concernant, pour la plupart,
la Lorraine, l'Alsace. Br. 30 p. TB. Quelques-unes de frappe
originale.

260 *Franche Comté*. Série de 10 médailles de personnages Francs-
Comtois, par Maire. Br. TB.

261 *Chambre de Commerce de Nancy*. Médaille de Prouvé, 1913. Au
℞., en creux, A RENE MARTZ. Arg. 68 ℀. TB.

262 *Mulhouse*. Centenaire de la réunion à la France. 1898, par
Vernon. Arg. 68 ℀. TB.

263 *Gambetta*, par Chaplain 1882. Arg. 69 ℀. TB.

264 *Hôtel Dieu de Beaune*, fondé en 1443. Médaille de Bouchard.
Ex. n° 26. Arg. 50 ℀. TB.

265 *Hamed et Barka*, par Lenoir. Ex. n° 27. 40 × 60 ℀. Arg. TB.

266 *Femmes au bain*, par David. Ex. n° 20. 57 × 70 ℀. Arg. TB.

267 *Faneur et faneuse*, par Michelet. Ex. n° 7. 52 × 72 ℀. Arg. TB.

268 *Lina*, par Trentacoste 1919. Ex. n° 1. 55 × 70 ℀ Arg. TB.

269 *Aux morts pour la Patrie*, par Poisson. Ex. n° 7. 47 × 50 ℀.
Arg. TB.

270 *Bernheim*. Au Professeur Bernheim, ses collègues, ses élèves,
ses amis 1910. Par Prouvé. 68 × 90 ℀. Br. TB.

271 *Marseille*. 25ᵉ centenaire de la fondation, par Patey. Ex. n. 307.
Br. 80 ℀. TB.

272 *Joffre, Poincaré, Déchelette; Centenaire de *Tournus*. Exposition
de *Nancy*, etc. Br. 7 p. TB.

273 *Médailles éditées par la Société des Amis de la Médaille française*, de 1899 à 1909. Série complète, 57 p. en argent. Ex.
numérotés. TB.

1899 *Jeunesse*, par Legastelois. 60 × 47 ℔.
— *Junon*, par Levillain. 47 ℔.
— *La Maternité*, par Charpentier. 80 × 52 ℔.
— *La Toilette*, par Roty. 70 × 34 ℔.

1900 *La Musique guerrière*, par Niclausse. 60 ℔.
— *Daniel Dupuis par lui-même*. 50 ℔.
— *Souvenir de l'Exposition*, par Roiné. 69 × 34 ℔.
— *Loïe Fuller*, par Roche. 71 ℔.
— *Combat de cerfs*, par Gardet. 95 × 59 ℔.

1901 *La Danse*, par Carabin. 50 ℔.
— *Médaille de la Société*, par Charpentier. 71 × 66 ℔.
— *Les deux âges de la Vie*, par Yencesse. 60 ℔.
— *Voici mes bijoux*, par Nocq. 52 ℔.
— *Solidarité*, par Vernois. 73 × 53 ℔.
— *Amphitrite*, par Desbois. 40 ℔.

1902 *Cléopâtre*, par Frémiet. 93 × 66 ℔.
— *La Bretagne*, par Dufresne. 55 ℔.
— *Jeunes aveugles*, par Lefebvre. 80 × 68 ℔.
— *La Glyptique*, par Dupré. 65 ℔.

1903 *Le Printemps*, par Dejean. 60 ℔.
— *L'Accalmie*, par Michel Cazin. 80 × 65 ℔.
— *Les Forgerons*, par Loiseau-Bailly. 80 × 50 ℔.
— *Les Jeunes enfants*, par Pillet. 65 × 53 ℔.
— *Le Bain*, par Lalleur. 71 × 40 ℔.

1904 *Conservation des Forêts*, par Cros. 60 ℔.
— *La Moisson*, par Dampt. 60 ℔.
— *L'Histoire enregistre les découvertes de l'Archéologie*,
par Lechevrel. 80 × 70 ℔.
— *Caresses*, par Yencesse. 45 ℔.
— *Lion et Taureau*, par Peter. 65 ℔.

1905 *Le Rêve du Travailleur*, par Segoffin. 68 ℔.
— *La Pierre*, par A. Charpentier. 75 × 62 ℔.
— *Tendres Amants*, par Bartholomé. 80 × 63 ℔.
— *Aux Poètes sans gloire*, par Bottée. 90 ℔.

1906 *Soldats*, par Roger-Bloche. 80 × 55 ℔.
— *La Joie de vivre*, par Lamourdedieu. 57 ℔.

1906 *Les Mineurs*, par Gréber. 72 m/m.
 — *Les Singes*, par Jouve. 90 × 53 m/m.
 — *Le Vent*, par Camille Lefèvre. 67 m/m.
 — *Les Saisons*, par Saint Marceaux. 80 × 65 m/m.

1907 *Le Rémouleur*, par Yencesse. 70 × 50 m/m.
 — *Le Goûter*, par Mlle Granger. 75 × 50 m/m.
 — *Caresses maternelles*, par Manque. 70 × 45 m/m.
 — *L'Art des Jardins*, par Roques. 75 × 45 m/m.
 — *Adolescents*, par Dejean. 57 m/m.

1908 *L'Été*, par Michelet. 63 × 42 m/m.
 — *La Musique*, par David. 75 × 53 m/m.
 — *Le Maréchal-ferrant*, par Gaudissart. 65 × 50 m/m.
 — *Faune et Faunesse*, par Durousseau. 63 × 31 m/m.
 — *Breton et Bretonne*, par Lenoir. 60 × 46 m/m.

1909 *Mine et Métallurgie*, par Theunissen. 75 × 55 m/m.
 — *Printemps et Hiver*, par H. Lefebvre. 80 × 68 m/m.
 — *Paysans croates*, par Frangès. 70 × 60 m/m.
 — *Eros*, par Grégoire. 90 × 60 m/m.
 — *Les Joyaux*, par Grandhomme. 60 m/m.
 — *Femme à la toilette*, par Yencesse. 65 × 41 m/m.
 — *Le Vin*, par Morlon. 100 × 38 m/m.
 — *Paysanne du Berry*, par Nivet. 90 × 45 m/m.

274 *Divers*. Médailles de François I à Louis XVI. Quelques refrappes. Plomb, 1 p. Br. 14 p.

275 Insignes de la Révolution. Médailles de Napoléon. Br. 13 p. Quelques refrappes.

276 Médailles du XIXe siècle, plusieurs concernant la Lorraine. Br. Plomb. 44 p.

277 Lot de médailles en argent, la plupart du XIXe siècle et concernant la Lorraine, 25 p.

278 *Suisse*. Lucerne. Prix du collège des Jésuites. Ecu à la double aigle entouré d'armoiries. ℞ ms p. c. l. v. s. r. q. t. e. s. Arg. doré. 43 m/m. TB.

279 Serment du Grütli, ossuaire de Morat, prix divers, jeton. Arg. 6 p.

280 Grand lot de médailles, pour la plupart suisses. Arg. Br. Etain. 35 p.

281 Jetons de la Société Suisse de Numismatique à partir de 1893. Bustes de numismates et graveurs, 110 p. Arg. Cuivre. Etain, etc.

JETONS

282 **Jetons royaux**. *Conseil du roi*, 1658. *Trésor Royal*, 1713, 1743. *Bâtiments du roi*, 1715 et s. d. Arg. 5 p. TB.

283 *Galères*, 1715. *Extraord. des guerres*, 1737, 1739. *Connétablie maréchaussée*. Arg. 4 p. TB.

284 *Mariage* de Louis XV, 1725. *Divers* de Louis XV et XVI. 3ᵉ *Prévôté de Bignon*, 1770. Arg. 5 p. TB.

285 *Lot* intéressant de jetons royaux et divers. Cuivre. 57 p. TB.

286 **Personnages**. *Charles I* d'Angleterre et *Henriette* de France. Mariage, 1625. Arg. TB.

287 *François de Bourbon*. Écu écartelé. ℞. SEIGNEVR D'ENGHVEN. Lion à g. Cuivre. AB. Rare.

288 *Henri d'Orléans*, duc de Longueville et la duchesse. TB. *Bexxon*, capitaine des gardes suisses. 2 p. AB. et B. — Ens. 3 p. Cuivre.

289 *Antoine d'Effiat*, maréchal de France. Ses armes. ℞. HIS TOTVS FIAT GALLICVS ORBIS. Main tenant la foudre. 1632. Cuivre. TB.

290 *Lowendal*. Ses armes. ℞. EX VICTORE DECVS 1745 S. P. Q. O. Armes d'Ostende. Arg. TB.

291 *Fabré-Palaprat*, élu grand maître de l'ordre des Templiers en 1804, par Coquardon, 1820. Son buste. ℞. Armoiries. Légendes en caractères de l'ordre. Arg. TB.

292 **Bretagne**. *Etats*. 1713, 1758. Arg. 2 p. TB.

293 **Lorraine**. *Nicolas de Vaudémont*, *Charles III*. 1370, 79, 87, 88, 89, 94, 98 et s. d. 34 p. B. et TB. Quelques-unes rares. Cuivre.

294 *Claude de France*, 1560, 63 et s. d *Henri*, 1583, 84, 89, 1606, 1612. *François II*, 1596 et s. d. *Charles IV*, 1662 et s. d. *Charles V*. *Léopold*. *Elisabeth*. Cuivre. 21 p. B. et TB.

295 *Entrée du Prince Léopold* à Nancy, 1714. *François III*. Mariage, 1736. *Marie Thérèse*, couronnement. *Anne Caroline* (et Marie Antoinette). — Ens. 4 p. Arg. 1 p. Cuivre argenté. TB.

296 *Stanislas*. Société royale, 1753. Par Roettiers. Arg. TB.

297 *Anne de Lorraine*, duchesse d'Arschot. *Louis III*, cardinal, 1614. *Louise*, femme de Henri III. *Jean IX*, de Salm, 1577. *Georges de Savigny*, 1578. Cuivre. 5 p. Les deux premières TB.

298 *Georges de Savigny*. Buste à g. ℞. TOVT PAR AMOVR 1578. Ses armes. Cuivre. B.

299 *Christophe de Bassompierre* et Louise de Badeval. FIRMA BASIS ADAMANTINA VIRTVS. Armes. ℞. BENE PARTA NON DILABVNTVR. Ruche. Cuivre. B.

300 *Administrations.* Bureau ducal, 1583, 87, 94 et s. d. Chambre des
comptes ; Antoine. Cuivre. 7 p. B.

301 Chambre des comptes, 1594. LVX EVGAT, etc. Arg. TB.

302 — Autres, 1594, 1612, 1662. Chambre des aides, 1612, 16.
Cuivre. 13 p. La plupart B.

303 *Intendance de Lorraine.* Buste de Louis XIV à dr. ℞. HAC
MERCEDE PLACET. Femme assise à g. À l'ex. DE LINT D. LORR.
BARR. ET. ESVESCHEZ 1661. Arg. TB. Rare.   *Pl. II.*

304 — Autres exemplaires. Arg. et Cuivre. 2 p. B. et TB.

305 *Nancy.* Chambre de ville, 1616, 43, 69, 74. Arg. 4 p. TB.

306 Grand lot de jetons de cuivre de dates diverses. 42 p. La plupart
B. et TB.

307 *Intendants.* Le Juy, 1655. Le Febvre (2 p. variées). Mainbourg et
Le Febvre, 1720. Hanus et Pombillot. Chaumont et Bergeret.
Le duc de Fleury. Cuivre. 7 p. La plupart TB.

308 *Jacques Callot,* né à Nancy. Par Dacier. Arg. TB.

309 *Metz.* 1608, de Nicolas Briot ; 1610. Siege vacant, 1697. Cuivre
3 p. B. et TB.

310 Echevins. Jeoffroy, 1608. Arg. 2 p. TB.

311 Pierre de Rissan, 1696. Arg. TB.

312 — Autre, pour l'an 1698. Arg. TB.

313 — Deux autres, 1700. Arg. TB.

314 Cl. Ph. d'Aubartin, 1709. Arg. TB.

315 Echevins divers. Metz de Caumartin. Parlement. — Ens. 9 p.
Cuivre. B. et TB.

316 LOVYS LE IVSTE ROY DE FRANCE & DE NAVARE 1641. Buste à dr. ℞. IECT
DE LA COVR DE PARLEMENT DE METZ. Ecu de France. Joli jeton de
Warin. Arg. Très beau. Rare.   *Pl. II.*

317 Académie. Buste de Ch. L. Aug. Foucquet, duc de Belle-Isle à g.
℞. Trois génies, 1760. Arg. B. Rare.

318 *Mines de Lorraine.* Mereaux AVEC NOMBRE ET LIVRE DE VIANDE CVITE.
Cuivre. 2 p. *Salines de l'Est.* Louis XVIII. Arg. 2 p. variées.

319 **Bar.** *Ch. des Comptes.* 1658. De l'intendance de M. Colbert. Arg.
TB.   *Pl. II.*

320 *Chambre de Ville,* 1686. Arg. TB.

321 *Chambre des Comptes* et *Ch. de Ville,* dates diverses. Cuivre
17 p. B. et TB.

322 **Alsace.** *Strasbourg.* Jubilé de la réunion à la France, 1781.
Hexag. Arg. TB.

323 *Colmar.* Mariage de Fr. Suzanne de Laudreau et Nicolas de
Corberon. 1730. Cuivre. TB.

324 **Besançon**. *Charles V, Ferdinand II, Léopold, Charles II, Philippe IV*. Bannières d'*Arène*, du *Bourg* et *St Quentin*. *Comptes*. *Co-gouverneurs*. Bouvet, Chifflet, Flusin, Maréchal de Véset, Monnier, Jouffroy d'Abbans, Franchey de Rans, Belin. Cuivre. Lot intéressant. 22 p. B. et TB.

325 *Philippe IV*. Buste à g. ℞. ✝ MAGNO SVB REGE LIBERA VESONTIO. Vue de la Ville. Arg. TB.

326 **Salins**. *Saulnerie*. Marguerite d'Autriche, 1520 ou 26. Charles V, 1540. Philippe II, 1577. Cuivre. 3 p. AB. et B.

327 **Dôle**. *Ch. des Comptes*, 1586, 89, 91. Cuivre. 3 p. B.

328 **Auxonne**. Etats du Comté, 1583. Cuivre. TB.

229 **Lot** de jetons modernes en argent. 15 p. TB.

330 Grand lot de jetons de cuivre divers.

.˙.

331 Grand lot de monnaies d'argent, pour la plupart modernes.

322 Grand lot de monnaies de cuivre, médailles, etc.

333 Assignats ; 10 sous de la Meurthe ; Papier-monnaie émis par la Ch. de Commerce de Nancy et divers.

.˙.

334 *Marx* (Roger). Les médailleurs français contemporains. Recueil de 412 médailles modernes, avec une préface. Paris, 1898, in-4°. 32 pl. Tiré à 500 ex. Belle reliure.

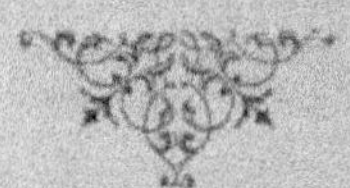

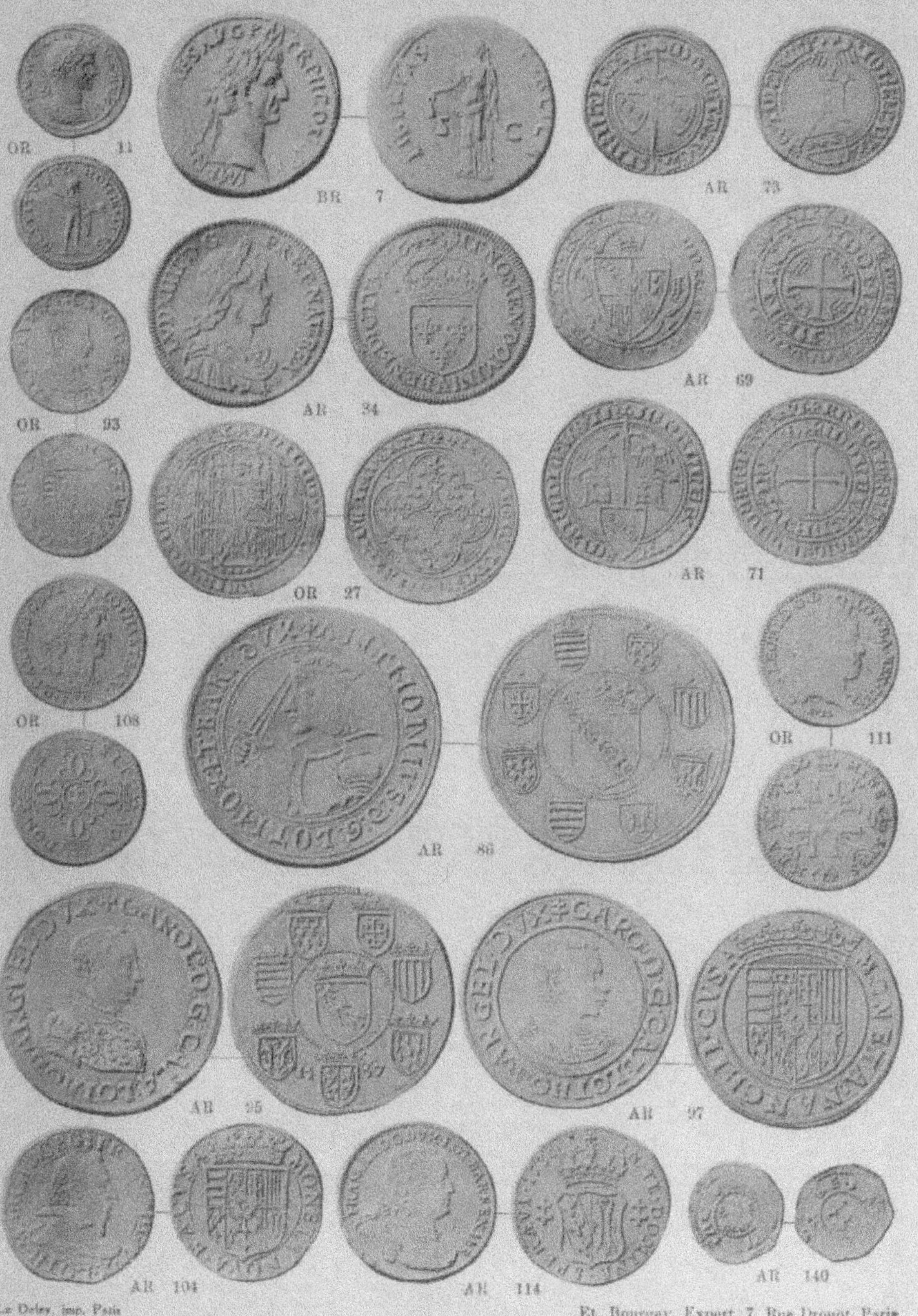

OR   11
BR   7
AR   73
OR   93
AR   34
AR   69
OR   27
AR   71
OR   108
OR   111
AR   88
AR   95
AR   97
AR   104
AR   114
AR   140

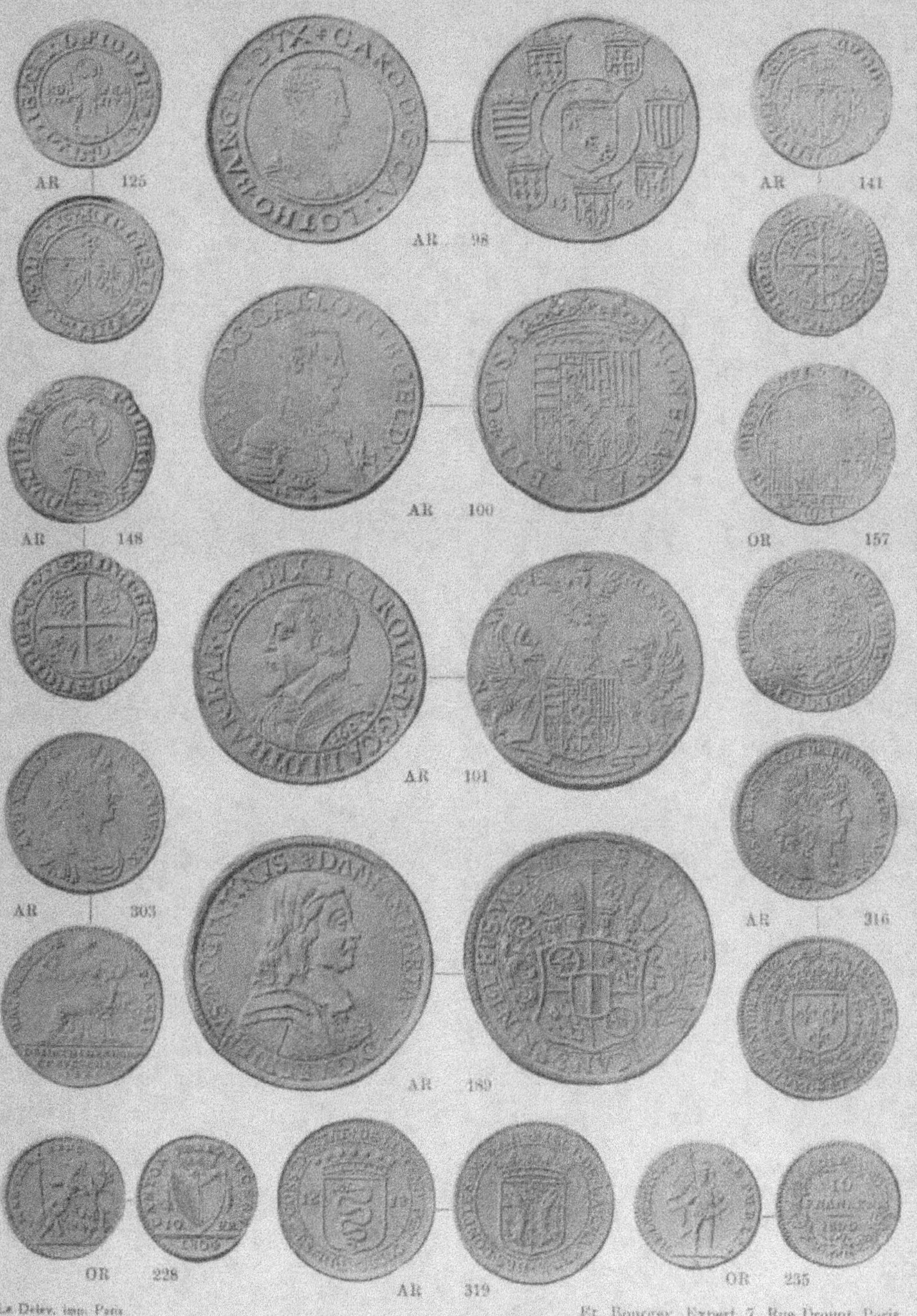

AR   125
AR   98
AR   141
AR   148
AR   100
OR   157
AR   101
AR   303
AR   316
AR   189
OR   228
AR   319
OR   235

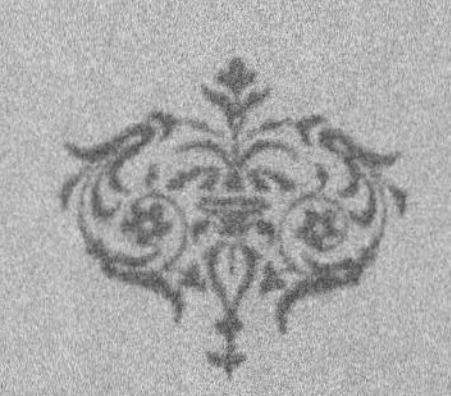

IMPRIMERIE C. CHAUROUX
6-8, RUE MILTON, PARIS